JN440115

개성공단에 내리는 비

백노진 시집

문학의전당 시인선
212

개성공단에 내리는 비

백노진 시집

문학의전당

시인의 말

담쟁이 되어 기어오르는 추억의 넝쿨들
발바닥을 통해 내 심장소리를 듣는다.

절쑥거리며 살아온 세상
시련과 고통 속에서도
사랑하는 사람들이 없었다면
오늘의 나는 존재하지 않았을 것이다.

작은 아픔의 상처라도
닦아줄 수 있다면

영혼의 또 다른 나를 낳는
남은 삶을 위하여

2015년 8월
일산 호수공원에서
백노진

차례

제2부

제3부

제4부

제1부

평화구두

저려오는 가슴을 부여잡고
지나온 반백년
황해북도 개성시 개성공업지구 1차 9-6번지
남북이, 북남이 한마음으로
분만한 평화구두

큰 뜻 이루려 태어난 씨앗
큰 나무로 자라
한반도 평화의 그늘 짙게 드리우리니

개성에서 평양으로 다시 서울로
백두에서 한라까지

평화의 열매 거둘 때까지
모든 불화(不和)를 씻고 당당히 걸어 나가리라
세계 속으로
성큼성큼 달려 나가리라

웃음꽃

티 없이 웃으며 터지는 함성을
가슴으로 듣는다

어린 체네 동무
세대주 있는 녀성 동무
장가 못 간 총각 동무가
동그랗게 원을 그리며
공이 얼굴을 내려쳐도
헛발질에 미끄러져 자빠져도
까르르 깔깔깔
웃음꽃을 피운다

가진 것 없어도
내놓을 것 없어도
웃음소리는 경계(境界)가 없건만

이곳은 개성공단
금단(禁斷)의 땅

잔뜩 찌푸린 하늘로 쏘아 올리는
웃음꽃 송이들

조건 없는
함성을 듣는다

봄을 기다리는 민둥산

반백년 넘게 움직일 수 없는 철마. 토해낸 울음이 흙빛이다. 군사분계선 도로 좌우엔 녹색 펜스와 고압철조망이 이중으로 장벽을 이룬다. 도로가 철조망에 갇혀 있다. 울타리 넘어 기어오른 억새풀만 흔들리고

표정 없는 얼굴. 부동자세의 앳된 북측 병사들. 전신주처럼 박혀 있다. 억새들도 지쳐 누워 있다. 커다란 세면구조물들을 실은 카고 트럭. 원부자재를 적재한 컨테이너 행렬. 바리바리 실려 있는 건축자재들. 그리고 승용차들 하나하나 물끄러미 내려다본다.

정해진 시간들. 바쁜 일정을 끝낸 빈 행렬들. 다시 남쪽으로 돌아오는 길. 민둥산을 지키던 억새풀들이 노을 속에서 손을 흔든다. 그리운 민둥산. 다시 만날 날이 언제이련가. 돌상 같이 움직임 없는 북측 병사들은 멀어져 가고. 억새들의 울음소리가 아직도 희미하게 들려온다.

인도차량을 따르는 행렬을 내려다보는 잿빛 하늘 위 기러기

떼…… 무리 무리를 지어 이념이 만들어놓은 군사분계선을 통행절차도 없이 자유롭게 넘나든다.

태양이 저녁 안개에 잡혀 임진각 건너 민둥산, 서쪽하늘로 저물고 있다

안개 속으로

안개 낀 자유로
북으로 달려가는
평화 실은 끝없는 차량행렬

도라산 CIQ,
개성공단을 향해 달려가는 사람들
안개 속 안개
그 속으로
희망을 나른다

아직은 멀어
미래까진 보이지 않지만

태양이 떠오르면
언젠간 속살을 보여줄 안개 속으로
오늘도
평화를 실어 나른다

안중대화(眼中對話)

가슴이 터질 것 같아도
소리칠 수 없고
마음이 메어져 와도
말할 수 없어요

눈빛의 창으로 만날 때마다
안쓰러워 보듬어주고 싶어도
그럴 수가 없어요

아래 위 입술 포개어 물 때
떨리는 그 창에
물방울이 맺히지만
그것도 보일 수가 없어요

그래도 감사한 것은
마음의 창에서
아주 가까운 곳에서
영혼을 나눌 수 있기 때문입니다

무명초의 미소

철조망에 휘둘린
척박한 땅, 곳곳에 피어오른
이름 모를 풀꽃들
누구하나 보아주지 않아도
피어나는 웃음이 있다

틈만 나면
따뜻한 햇살이 내려와
머리를 쓰다듬고,
처진 어깨를 다독이는
바람의 친구가 있다

눈물의 뺨을 닦아주는
작은 생명들의 손길이 보이고
초록 마음으로 내려와
함초롬 적셔주는
이슬이 있다

개성공단에 가면
초롱초롱
푸른 미소가 살아 있는
무명초가 있다

개성공단에 내리는 봄비

경칩(驚蟄)도 춘분(春分)도
삼월의 빗속에 있다

개성공단 안
이해가 되다가도 이해가 안 되어
짠하게 지낸 아주 긴 며칠
메마른 가슴 속에
봄비가 쌓인다

이른 아침 출근하는
녀성 동무들의 우산 행렬 위에서
재잘거리는 봄비

노여움을 푸시라요
찻잔을 들고 와
미안해하는
녀성 동무 마음속에도
저 봄비가 내리리라

멀리 또 가까이 보이는
민둥산에도
도무지 이유를 모르겠다며
하루 종일 비가 내린다

교류(交流)

눈에 보인다
놀란 그의 표정이 그려진다
얼굴은 웃고 있지만
가슴속에 번개가 치고 있으리라

그도 내 마음을 읽고 있을까
보고도 못 본 척, 들어도 못 들은 척
마주보고는 있지만
머릿속에 불꽃 소리를 듣는다

심장의 전깃줄 속에 숨죽인 맥박
눈감았던 믿음이 지평선을 바라본다

잊어야 한다. 그리고 다시 그려야 한다
큰 호흡 들이쉬고 내뿜어야 한다
하늘의 심정으로 돌아가야 한다

멈추면 부패되기에

결실의 미래를 위해
양심의 회전축이 멈추지 않도록
조용히 전압을 올려야 한다

낙조(落照)의 꿈

환한 흰 구름바다가
진군하듯, 휘몰아쳐 밀려와
어둠의 장막을 걷어낸다
송악산* 산마루가 선명하게 드러난다

동영상 같은, 숨 가쁜 하늘의 움직임
거슬러 오르는 창조의 역사다!

구름 사이 드러난 황홀한 낙조(落照)

내일이면,
세상 밖으로 바람도 불게 하겠지
그 붉은 빛깔로
새 동산을 만들고
꽃도 피우겠지
새가 날며
휘파람 불겠지

눈을 감아도 펼쳐지는 낙조(落照)

내일을 기약하는
너와 나의 꿈

---

*송악산 : 개성직할시 개풍군과 경계에 있는 산. 높이 489m. 아호비령산맥의 말단에 솟아 있으며, 주위에 천마산 등이 있다. 예로부터 소나무가 많아 송악산(松嶽山)이라 불린다.

와성(蛙聲) 2

혈혈단신 월남한 지 60여년
손발이 갈쿠리 되도록 살아온 이남 생활,
5남매 자식 출가시킨
짝 잃은 함경도 하부래비

올 여름밤도
평생 일구어온 논밭 내려다보이는 언덕에 앉아
동산마루에 떠오른 달님 속으로
하얀 연기를 뿜어 올리며
귀에 익은 고향 소리에 묻힌다

초막으로 돌아온 야심한 밤
대청마루 걸터앉은 헛기침 소리
지난해보다 더욱 잦아졌다

마을에서도 소문났던
애처가 아바이,
모두가 떠나가도

고향 지켜온 짝 잃은 고향지기

마을마다 짝 찾는 사랑의 노래
밤새도록 들려오는
개골개골
고향합창단

어머니의 유산

서재 책장 위 종이상자에서
언제부턴가 어머니의 목소리가 들리는 듯하다
"너기 좀 보라우!"
삼십여 년 손때 묻은 성경책과 돋보기
하늘나라로 거처를 옮기신 뒤에도
여전히 카랑카랑하시다

한 손에 성경책
한 손에 사탕봉지 들고
예수님 믿어야 구원받고 천국에서 살 수 있다며
시골동네 누비시던 백발의 어머니
시시때때로 들려주시던
"고럼 말씀대로 살아야디, 눈 밝을 때 널심히 성경책 보라우!"

세상 끈 다 놓으신 치매 속에서도
주기도문은 잊지 않으시고
어느 날 식사시간

"애미야! 예수님, 숟가락 하나 더 개지고 오라!"
하시던 어머니

바래고 해진 성경책 속에서
환하게 미소 지으며
금방이라도 뛰쳐나오실 것만 같다

반백이 넘은 지금에서야 열기 시작한
내 조그만 종이상자 속
어머니의 성경책

분재

휘감긴 쇠줄과
사지(四肢)마다 달린 돌멩이들
결박된 숨소리를 듣는다

무게를 주체할 수 없어
땅에 떨어져 뒹굴고 있는 시간을
아무 말 없이 바라보고 있는
키 작은 노송(老松)

분노도 울분도 잊은 채
뜨거워진 눈시울에 저녁노을처럼
붉은 물기가 어린다

뿌리에까지 가득했던 본능
말끔히 다 씻어버리고

무슨 생각을 하고 있을까

고백

내 몸을
짓밟아 뭉개는 그들에게

사랑의 날개를 단
천사처럼 그렇게 한결같이
웃을 수만 없었습니다

민들레처럼
웃을 수만 없었습니다

유월이 오면

유월이 오면
하늘나라에 계실 울 엄니 생각이 난다

동란의 소용돌이 일사후퇴 때
네 살 소아마비 둘째아들 등에 업고
여덟 살 맏아들 가슴에 안고
칠흑의 밤, 삼팔선 넘으며 수없이 넘어지고
구렁텅이에 빠져서도 한 번도 울지 않던 용감한 울 엄니
하얀 머리 되어서도
눈시울 적시던 그때 울 엄니 생각이 난다

잔잔한 진초록 호숫가에
활짝 피어오른 연분홍 수련만 보면
아내의 마음속에 그려진다는 시엄니 색깔
며느리 미소 속에 아이처럼 환하게 웃으시는
울 엄니가 보인다

울 엄니 고향 가까운 개성 땅,

공단에서 함께 일하는 이북동포들을 볼 때마다
리북 여성들이 차려주는 저녁식사로
회갑을 넘길 때도
한참 멍하니
창문 밖을 내다보았다

낡은 사진첩에서라도
울 엄니를 한번 만나야겠다

능금

새하얀 속살 드러날까
부끄러워
그리 붉어져 보암직했느냐

곱게 패인 볼우물도 모자라
탐스럽게 향기 냈느냐

봉곳이 물기 올라
온몸으로 그리 그리워했느냐

보암직도
탐스럽지도 않으면
먹지도 않을 텐데

혹—
낙원(樂園) 중앙에 살던?

제2부

민들레 선교사

머나먼 나라
절벽 끝에도
낙엽더미 속에서도
보도블록 틈새에도
웃고 있는
바닥 꽃

오늘도 목숨 내건 사명
온몸 갓털 되어
기도하며
문 열고 들어가는
바람의 세상

말씀의 씨앗들
등불로 피었다

용도변경
—지구 2

사 대째 이어온 별빛마을 앞산 김씨네 과수원 산허리마다 달라붙은 불도저의 굉음과 뭉개져 내리는 벌건 알몸들, 이장네 논밭엔 시멘트와 철근이 자라고 있다 임시 울타리를 둘러친 공사장 정문 게시판 위에 TV와 신문에 연일 오르내리던 K산업단지가 날아들었다

별빛마을 건너 은빛마을
도랑에 살던 고물고물 올챙이는 보이지 않고
꽁무니 불 켜고 춤추던 개똥벌레도 사라져버렸다

소와 쟁기 잃은 농부들
하나둘 고향을 떠나가고
처마 밑 제비도
북쪽으로 날아간 기러기도 몇 해째 보이지 않는다

온난화의 지휘봉은 북극의 빙하를 내려앉히고, 잦아진 곳곳 비명의 강진 솟아오른 쓰나미의 발아래 펼쳐진 문명의 아비규환, 먼 바다엔 구멍 난 유조선이 걸려 있고 미사일이 날아간 어

느 외딴섬 버섯구름 속에 숨겨놓은 상상 못할 살상무기는 그들만의 판타지가 되었다

폐경 없이 생산되는 문명의 자궁
썩지 않을 것들이 지구 곳곳에 낄낄거리며
흰 이빨을 드러내고 웃고 있다

어느 시인의 수첩

어릴 적부터
황혼 문턱에 이르도록
꽁꽁 숨겨둔
삶의 기록들

보이지 않는
긁히고 닳고, 해진 그 속엔
기쁨도, 노여움도, 슬픔도, 즐거움도
다 받아 넣었다

오랜 세월
숙성된 그 비밀의 호흡들

이제 하나하나 불러내기 위해
바람의 시간들을 쪼개
사람냄새가 넘치는 거리로

잊었던 친구와

차 한 잔을 나누며
개성공단 일자리에서
동포들과 미소를 주고받으며

평생 손발 되어준
동반자와 공원을 걸으며
영원한 짝사랑 손녀와
동화책을 읽으며

때로는 들밭길을 홀로 걸으며
그만의 수첩, 비밀번호를 누른다

또 하나의 생명이 보인다

주문진

소담스럽게 불 밝히려
분주한
목련

가닿은 곳마다 통로가 있어
떠내려가듯 걸을 수 있게 해달라고
마음의 배를 손질하며
기도하시던
어머니

그러나
다시 돌아갈 수 없는
시간의 숲속 그래서 더 귀한
여전히 못다 이룬 꿈
지글거리는
환한 눈물

하얀 목소리 사방에서 일어나

귓속에 가득한데
돌아서 훔쳐버리려 해도
버려지지 않는
그리움

끝내 뿌리치지 못해
영원할 파도의 땅
갈수록 더 눈부신 영토

접목의 삶

그는 망나니입니다
그는 변호사입니다
그는 재판관입니다
그는 독재자입니다

세월이 잘못 빚은
모멸된 군상을 찾아
그의 눈과 칼은
전광같이 움직여 生과 死의
승패를 가리는 냉혈의
차가운 집도자입니다

목 잘린 者에
증오의 눈초리, 절규와 분노
통곡 소리에 연연치 않는
냉혹한 존재입니다

예리한 판단의 눈

한 치 오차 없이 움직이는
날카로운 가위손
기계처럼 움직이는 창조자

새 삶 찾은 선택 받은 者의
감사의 정 어린 모금 소리에도
눈길을 주지 않는
아이들 아빠입니다

그는 접목사입니다

너의 책 한 권

불꽃도 없이 타는 마음
믿어보며 흐르는 시간 되어라

휘몰아쳐 오르는 소용돌이
그 거친 호흡이 되기 전
마음의 눈을 감아라

너는 푸른 하늘로
경쾌한 금속성을 내며 나르는
은빛 제트기가 되어라

사뿐히 내려앉는 나비의
날개깃 소리도 듣는
천리 귀 되어
기다리라

갈피들이 모아진
너의 책 한 권

질서

지켜야 할 아름다운 자유
하나님이 만들어준 생존의 섭리

오늘도 지켜야 할 것이기에
지키지 않고 싶은
유혹에
이브가 된다

별세계는
그대로 흘러가는데
인간이 사는
지구는 신을 버리고

오늘도 둥지를 떠나고픈
무리 지은 질서가 철새 부리에 매여
슬픈 소리로 하늘을 날아오른다

세상살이

나라 안이 온통 떠들썩하다.

정재계 거물들은 혼외자식으로, 부정입학으로 야단법석이고 주간지들은 횡령한 수백억, 은밀한 창고에 숨겨놓고 아무개는 지금도 '어흥' 잘살고 있다고 떠들어대고 있다. 힘없는 수많은 사람들의 희망을 꿀꺽 삼켜버린 수십조 다단계 사기단들이 판치는 세상,

텔레비전만 신이 났다

몇백 원짜리부터 몇천 원짜리가 고작인 구멍가게,

아들이 배달 나가 있는 시간

점원이 된 몸이 불편한 늙은 아버지

아들아!

몸에 해로운 이 담배랑, 저 소주

팔지 않으면 안 되는 것이여?

담배 꽉에 쓰여 있는 경고 문구를 보거라!

경고 : 흡연은 폐암 등 각종 질병의 원인! 일단 흡연하게 되면 끊기가 매우 어렵습니다. 담배연기에는 발암성 물질인 나프틸아

민, 니켈, 벤젠, 비닐 크롤라이드, 비소, 카드뮴이 들어 있습니다.

이 경고문은 나라에서 쓰락 했겠지?
"아부지! 이 구멍가게 담배 못 팔면
가게세도 못 내유!"

월세도 못 낸다는 아들 대답에
아버지는 다시는 입을 열지 않았다

톱이 울다

첼로만 사랑하던 활대가
날카로운 톱날 위에 흐느끼듯
온몸을 떨고 있다

말총의 격렬한 몸부림
연주자의 손목을 타고 오른다

흔들리는 무릎 사이
활이 뿜어대는 숨결에
톱날이 춤을 춘다

수많은 나무를 베어낸 저 사납던 톱날
악기 되어 속죄하듯 쏟아내는
등 굽은 저 소리

뼈 마디마디 부서지듯
마음속 열고 들어오는
사명이란 찬양곡

귓속이 애절하다

박수가 뜨겁다

북〔鼓〕쟁이

휘몰아치는 바람처럼
밀려오는 물결처럼
사뿐사뿐 지려 밟는
춤추는 학처럼

마음을 내려놓고
치달아 오를 준비는 되었나요

신들매 고쳐 매고
어깨춤도 추어야 해요

신바람 속에 감춘
조상의 아픈 넋
결코 힘으로만 노래할 수 없어요

천상으로 달려가는
영혼의 기적소리로
떠나야 해요

진정
눈물을 울리려거든

콘크리트 사랑

화려한 빌딩 속
초점 잃은 시선들
텔레비전 화면처럼 내려다보고 있는
창문 밖 풍경

장애우의 불편한 손발이 보이고
앞길 더듬는 지팡이가 걸어간다

오늘도 한 끼 목숨을 구걸하기 위해
없어진 하지로 자동차 검은 튜브 배에 깔고
엎드려 두 손을 내밀고 있다

굳어버린 시멘트 속
질그릇에 묻힌
등이 곧은 생각들

함께 손잡고
걷고 싶고, 뛰고 싶고

날고 싶던 잃어버린 옛날

오늘도
콘크리트 속에 갇힌
아날로그식 사랑이여

와성(蛙聲) 1

알기나 할까
모두가 떠나가도 태곳적부터 지켜온
고향지기의 밤 달래는 소리

들어보기나 했을까
도시의 젊은 세대들
앞으로는 소리 박람회 USB 칩에서나 들어야 할
애절한 외침이 되지는 않을까

가까이 다가갈수록
더 그리워지는 고향 소리

모두가 떠나가도
내 영혼에 남기고픈
여름밤 익어가는 소리
개골
개골
개골

너는 아느냐

흙을 함부로 대하지 마라
너는 아느냐
네 몸이 흙인 줄

너의 속사람은 병들어 가고
흙을 지은 이가 고개를 흔드는
썩지 않을 욕심들만
키우고 있지 않느냐

생각해보라
지금부터라도

끝내는 땅으로 돌아갈 육신
너는 흙과 하나이니라

지구의 눈물

시베리아 타이가* 숲,
한가로이 지저귀던 새떼들
골짜기를 타고 날아오를 때
전동 톱날의 굉음이 지구를 가른다

미국인 휴그무어 의해 1907년 세상에 태어난 종이컵
1센트 동전을 넣으면 물 한 컵이 나오는
일회용 자판기 시대

700년 된 스웨덴 스토라 제지공장
오늘도 세상의 입속에 주목나무 숲 한 채를 물고 있다
영장의 지휘봉에 표백된 나무들 100여 년 전 조상의 모습 그대로
수천 수백만 쌍둥이들, 폐경 없이 태어나는 현대의 자궁

캄캄한 자판기 속
버림받기 위해 차곡차곡 묶여 있다
인간들의 편리한 그 몇 초를 위해 마감하고

본향으로 돌아가기까지 20년을 기다려야 한다

구겨진 종이컵과 일가들
쓰레기통이 만원이다
검붉어진 몸들을 움켜잡고
길바닥에 누워 울고 있다

---

*타이가(taiga) : 유라시아 대륙에서 북아메리카를 동서방향 띠 모양으로 둘러싼 침엽수림의 총칭이다. 쾨펜의 냉대기후 지역과 거의 일치하며, 빙기의 빙하작용을 강하게 받은 지역이다. 타이가는 수종(樹種)이 적은 단순림이 주이고 제지(製紙), 펄프 용재로 중요시되어 세계 주요 임산자원의 산출 지역인 동시에 지하자원이 풍부하다.

농부

흙을 갈아 논밭 이는
평생의 사역

주름진 땅과 그 괭이는
에덴에서 쫓겨난 아담에게
화인 받은 대대의 증표

씨 뿌려 거두는 땀의 소산으로
인류의 생명을 지켜온
청(廳)지기의 삶

당신은
하늘이 소명한 천직입니다

반달 숟가락

생전에 어머니가 쓰시던 숟가락,
자개장식은 떨어져 나갔지만 여전히 학으로 날아 앉아
찌개를 끓이고 간을 맞춘다

내 새끼 키울 때는 제대로 봐주지 못했다며
장난기 심한 손자, 눈 안에 넣고 볼을 비비시던

그 손자가 결혼하여 증손자를 낳고
벌써 제 아들 자랑이 한창인데

둘째 며느리가 좋아하는 학이 사는 반달 숟가락,
오늘도 감자껍질을 긁어내고 프라이팬 두부를 뒤집고
밥솥 누룽지 벅벅 긁는다

손때 묻은 반달 숟가락,
오늘도 가족들을 물끄러미 내려다본다

아랫목의 추억

별들이 총총한 창밖
밤하늘 싸늘한 바람소리에
웅크린 잠이 깬다

문풍지를 흔들던 고향
뒷마당 후미진 곳, 장작 패시던
아버지 소리가 들릴 땐
건넌방 윗목까지 절절 끓어오르던
온돌방 생각난다

장작 빠개던 소리 멈추어진 이듬해
생솔가지 머리에 이고 와
눈물 꽃 아궁이에 지피시던
어머니

몸도 마음도 품어주던
내 그리운 아랫목이여

제3부

풍란

모든 것 숨김없이 내어놓고
초록의 빛으로 피어오른
하얀 마음

너처럼 살고 싶다

희망으로 다가와
아픈 세상을 그윽한 향기로
죽도록 사랑하며

너처럼 살고 싶다

새하얀 영혼을
바람에게 전해주는,

백목련

긴 겨울이 너를 스쳐 지나갈 때
닿은 자리마다 으스스 몸이 시렸다
오래 기다렸던 바람이 너를 감싸 안을 때
여미었던 옷섶 열고
하얀 속살을 꺼내놓았다

꽃도 피지 않는 캄캄한 계절
겨울을 건너온 너
아우내장터에 앞장서 태극기 물결을
파도처럼 일으켰던
백의민족의 딸 유관순

어둡던 세상 하얗게 깨워놓고
옷깃 여미며
서둘러 돌아가는
천상의
하얀 그림자

낙엽

이른바
순리가 한눈에 보인다
안타깝게
혼신을 다한 흔적,
중심은 아직도 당당하다

깊은 잠, 고요의 세계로
지금 가고 있다
욕심도 미움도 시기도
다 땅에 내려놓고

짓밟혀 부서지는 소리로만
살아 있는 생명이여

창밖의 풍경

그래서 한참,
창밖에 있었나보다
나뭇잎처럼 매달려

바람소리가
옷자락을 물고 당긴다

화들짝 놀라
한 발 뒤로 물러나보지만
여전히 다시 가을 한복판에
서 있는 일상

마지막 안간힘을 다해
황혼을 밝히며
떨어지는 생명

가을더미 위에
내려앉는다

가을 이야기

햇덧* 스치는 호수공원 남쪽
고운 색, 여미기 시작한 단풍들

학자로 성공시킨, 은행나무 노란 이야기
기업인으로 출세시킨, 왕벚나무의 벌그숙숙한 이야기
공부를 더 시켜야 한다는 버즘나무의 희끄무레한 이야기
연예인으로 성공시킨 단풍나무의 빨간 이야기
지난봄, 집안이 어려워 합동결혼식 올렸던
푸르뎅뎅한 등나무는 입도 열지 못한다

어느새 소복이 내려앉은
마른 모엽(母葉)들
소슬바람과 도란도란 맴돌며
자식들 걱정에 겨울채비도 잊고 있다

소나무, 잣나무의 헛기침 소리
호수를 타고 건너온다

---

* 햇덧 : 짧아가는 가을날에 빨리 지는 해의 안타까운 모습.

뒤안길

어느 날
악연은 당신을 덮쳤다

눈물이 구슬땀과 뒤엉켜 날아간
지난 어느 날
세상 뒤안길에 살고 있는
당신

꽃향기 바람에 춤추며
들꽃처럼 청아하던
당신
흐르는 눈물 삼키며
셋방 살림 차린 사내 기다리는
해바라기 삶

피투성이가 된
꿈
가까스로 감싸 안은

하늘이 들려주는 소리

내일을 산다

소생(蘇生)

자박자박 봄비 걸어오는 소리
마른 잔디들의 환호성이
백록색 이불이 되었다

잿빛 하늘이 잔디에 내려와
옷을 벗고 가로등 불빛은
봄비에 졸고 있다

산수유 망울 뒤에
줄지어 선 뾰족 가족들
오물거리며 봄 젖을 빨고 있다

촉들의 눈이 반짝인다

여름의 노래
—선음(蟬吟)

긴 세월 어둠 속에서
지켜온 꿈
울음통 하나를 만들어놓았다

오랜 아픔 내려놓은
인간세상의 시간, 그 한 달을 위해
햇빛 보던 날, 하늘의 섭리에
순종하는 삶

맴맴맴 매으음—쓰르르

여름 한철 잊지 못할
잠시 머물다 가는
이별의 송가여

눈

내려오네

희고 고운
순결이
하늘 가득히
내려오네

두 손 벌려 오르려던
온갖 허망들의
머리 위에
거룩하게
내려오네

땅 딛고 선
수천
수만
수억의 오만함 위에
크고

작은
소박한 옷이
내려오네

과부도

통통배 뱃길 보이는
분이 할매 디뎌 만든
섬마을 뒷산마루 오솔길
오늘도 분이가 오른다

진달래, 철쭉꽃 반겨주어도
머루, 다래, 산딸기가 노래 불러도
다람쥐, 알밤 물고 춤을 추어도
눈길도 주지 않고 단숨에
날아오른 분이

산마루터기 소나무 아래
두 무릎에 턱 묻고
지난여름 고기잡이 떠난 봉식이 생각에
낙엽이 진다

오두막
저녁 연기 지피다 뒤란으로 나온

꼬부랑 분이 할매
하사분히 바라보는
해으럼* 금빛노을

---

* 해으럼 : 해질 무렵, 저물녘.

어느 모자(帽子)의 일생

멋진 주인 만나길
동료와 함께 소원하던 파란 캡 모자는
파장 무렵, 상점 점원과는 눈도 맞추지 못한 채
검은 눈이 번개같이 빛나는 그 남자를
주인으로 맞아야 했다

밤과 낮이 바뀐 그에게
늘, 우리 모습 보이며 그대로 살자고
밝은 태양이 그립다고 외쳤으나
콧방귀도 뀌지 않았다

어느 날, 이슥히 외딴 곳
바람은 미리 알고 손을 내밀었지만
주인의 머리를 깊숙이 감싸 안아야 했다

"도둑놈 모자 위에 불이 붙었다!"*

'철커덕'

철장 밖 그의 개인함에서
한 줄기 비집고 들어오는
햇빛 향해, 무릎 꿇고 기도하는
파란 캡 모자

---

*도둑놈 모자 위에 불이 붙었다 : '결국 도둑은 잡힌다'라는 동유럽의 속담.

신의 꽃

시린 바람이
바스락거리며 뺨을 기어오른다

사철나무에도
마른 나뭇가지에도
흐트러진 잡초에도
피어오른
새하얀 서리꽃

밤새운 그리움의 흔적
태양이 떠오르면 떠나야 할
눈부시도록
반짝이는 눈물

밤새 하늘에서 내려온 상고대
정교한 솜씨
신(神)의 손이다

천설화(天雪花)

새하얀 순결
하늘 가득
내려온다

두 손 벌려
오르려는
온갖
거짓들의
손 위에
머리 위에

땅 딛고 선
만물 위
하늘의 하얀 꽃
눈부시게 피어난다

애수

낯선 타향에서
지새워 새긴 사연

가고픈 고향으로
몇 번인가 전한 후에

저것이 답(答)이런가

달 밝은 밤
외기러기

이슬의 노래

산과 바다
들판과 하늘이
꽃잎에 동그랗게 동동 떠 있다

세상에 머물렀던 그을린 시간들
밤새 별이 되었다

노여움은 손잡고
슬픔은 감싸 안고
옥구슬 되어

이른 새벽
반짝이며 구르는 소리

진실

유리그릇이 되려던
빙어처럼
투명한 네 마음속

그래도 문을 밀치고 들어갈 수 없어
불꽃 소리만 듣는다

당장 어쩔 수는 없지만
시간이 흐르면
만날 수 있으리라
세상이 끝날지라도

맑은 영혼이 보이는
유리 미라

제4부

그리운 사람들

이른 아침 일산 호수공원 굴다리 안, 의자도 평상도 호수를 바라본다. 몇 사람이 손뼉 쳐도 크게 울리는 무료공연장이다. 이름 없는 악사들, 아마추어들 예고 없이 첫선 보이는 자리다.

오늘도 아코디언 가슴에 안고 활짝 웃으며 연주하는 중년의 여인, "오가며 그 집 앞을 지나노라면 그리워 나도 몰래 발이 머물고—" 간간이 음정 틀리고, 박자가 조금 늘어져도 문제가 없다. 모두가 홍얼홍얼 한마음 합창, 굴다리 안이 정겹다.

한 곡이 끝날 때, 할머니 손잡고 베레모를 눌러쓴 할아버지가 신청곡을 접수하고 평상에 앉는다. 여기저기서 따라 부른다. "꽃잎은 하염없이 바람에 지고 만날 날은 아득타 기약이 없네—" 박수갈채를 받은 동심초가 구성지다.

"뜸북 뜸북 뜸북새—"
오빠 생각으로 뜸부기와 뻐꾸기가 된 지나간 세월이
굴다리 안으로 날아 앉는다.

바람의 만찬

중학 동창의 주문진 고깃배가
해질녘 서울 잠실 생태찌개전문점에 도착했다

어둠 속에 잠적했던 머리 하얀 옛 청계천 호텔과
군사분계선을 넘어 이북 갔던 개성공단
미닫이문 열고 들어오자 손들이 소리를 질러댄다
이어 전국 돌아 서남아를 누비던 백수 된 대한 사이클
아픈 허리 붙들고 문턱 넘어 들어오는 낯익은 웃음
높이 손 흔들며 바람둥이 부동산
뒤늦게 도착한다

한참 후배라는 생태집 주인을 부른다
주문진이 실어온 물오징어 내놓으며
너희 찌개 내오기 전, 회부터 쳐 오란다
넷! 선배님들 그렇게 하겠습니다

물회 속에 담아 온 펄떡이는 추억
각자 흩어져 바람 안고 살았던 세월의 노래

질러대는 건배의 함성에
빈 소주병들도 휘파람 불어댄다

타향에서 젖어가는 늦은 밤
하품하며 졸고 있는 서울 생태찌개
고향 생각에 잠겨 있다

청상목련

백발의 3층 할머니
아파트 정원에 만개한 목련을 내려다보고 있다

그래, 너처럼
우윳빛 뽀얀 피부였지
한때 마을에선 손꼽히는
예쁜 색시였는데……

그래, 도도한 그 자태
북향만을 향한 대쪽 같은 정절
하늘서방 향해서만 봄을 열고
향기 뿜었지

뭇 남정네들, 애태우는 소리 외면한 채
일찍 하늘나라 떠난
남편만을 그리며
외둥이 안고 살아온 60년

눈시울에 맺힌 목련이
봄비 타고 하얗게 내려앉는다

옛날 이발소

시골 읍내 마을 어귀
이 대째 지켜온 김 씨네 이발소
단골손님 대부분 희끗한
동네 어른들이다

저마다 솟아오른
그들의 고집을 잘랐다
프롤레타리아의 환상을 노래하며
튀는 자는 안 된다고
자본주의를 솎아냈다

세월이 흐를수록 말 없는 손님
가위가 지나간 머리 숲은
김 씨를 닮아갔다

얼마 전
화환들이 놓여 있던 길 건너 미용실
푸른 발자국들이 멈추질 않는다

큰 귀를 달고
큰 안경을 쓴 김 씨네 이발소
오늘도 목이 곧은
발자국 소리를 기다린다

천일 꽃

눈을 감아도
살포시 웃던 너의 모습
가슴속 깊은 곳에
별이 되어 반짝인다

하늘에서도
땅속을 달리는 지하철에서도
바다 위에서도
어디든
따라온다

시간은 흘러가는데
남기고 떠난 너의 미소
가슴 그늘 속에 그리움 되어
천일 꽃으로 피어 있다

어머니

찬란했던 앞산 신록의 생명들
꽃을 피우고
열매를 익히며 지켜온 세월
온몸 불태우며 산마루까지 치달아 오른
빨강, 노랑, 주홍, 갈색
열정의 작품들

마지막 숨결 부서질 때까지
든든히 자라준 자식이란 나무 아래
황혼의 석양이 저려온다

땅바닥에 떨어져도
초연히 내려앉은 모엽(母葉)들
밟혀서도 소리 나는
살아 있는 생명이여

초롱한 눈빛들에게

차들이 드문드문 오가는 길을
때로는 신호를 무시하며
화살처럼 지나가는 뒷길, 횡단보도
푸른 신호를 기다리는 얼굴 환한 할아버지

쪼르르,
소란스럽게 뛰쳐나온 꼬맹이 아이들
할아버지 눈치를 보고 있다

"신호 잘 지키는 너희들은 훌륭한 사람이 될 거야!"
할아버지가 올려 세운 두 엄지손가락에
초롱초롱한 눈빛들이 걸려 반짝인다

이어폰 귀에 꽂고
핸드폰 든, 길 건너편 젊은이
빨간불 소리치는
횡단보도 무법자 되어 건너온다

달려오던 외제차
급브레이크 소리와 경적에 놀란 꼬맹이들,
할아버지 바지춤으로 우르르
몰려든다

새 직장

새롭게 개원한 식물원의 나무와 꽃들, 가나다라 한글학원
ABCD 영어학원, 목걸이에 영어 명찰을 단 동물가족
동물원 벽마다 개원식을 올리고 줄지어 쉬고 있다
거실 소파 옆 놀이터의 빨간 미끄럼틀
노란 뻥뻥이도 잠잠하다

온갖 색색의 퍼즐과 블록들 미술학원 한가운데서 졸고 있다
레일 위엔 코를 박고 단잠을 자는 기차
물 흐르는 계곡엔 곰들이 산책하고
바다 위엔 배 한 척 들어와 있다

오후 낮잠을 즐기시던 원장님, 일어날 시간이다
백일의 언덕을 넘어 여섯 계절을 지난
영원한 짝사랑 첫 손녀, 눈 안에 넣어도
아프지 않은 사랑의 꽃
살포시 눈웃음치며 깨어난다

안경 끼고 책을 보고 있으면 낯선 할아비의 얼굴 가리키며

언제 달려왔는지 볼을 좌우로 흔들며
"응!" 소리를 질러댄다
안경을 벗어 책상에 올리면
쌩긋 환한 미소로 볼에 뽀뽀를 잊지 않는다
어쩌다 머리카락 흩어져 있어도 야단이다

기저귀를 찬 원장님
텔레비전에서 음악이 흘러나오면
신나게 엉덩이를 흔들어댄다
언제 저런……! 춤 솜씨 보고 있노라면
할미의 물 생긴 관절도 할아비의 아픈 디스크도 모두 신이 난다

잠시 자리를 비우면 언제 달려왔는지 옷자락을 끌어당긴다
관객이 있어야 하나보다
원장 친구인 뽀로로도, 방귀쟁이 뿡뿡이도 신이 났다

새 직장 퇴근시간은 원장님 수면시간
출근시간은 원장님 기상시간

할미와 할아비는 항상 비상근무조

보직은 영원한 강사와 비서, 그리고 친구
급여는 자부담
나이제한은 없음
퇴직금은 상담 중

독수리 지휘자

태국 여행 갔던 아내가
나무 바위에 앉은
황갈색 목상 독수리 세 마리를 집으로 불러들였다

날개를 활짝 펼치고
막 비상할 듯한 독수리의 기상이 매섭다

어미 독수리 두 마리는
학업을 끝내고 회사 취직한 두 아들 책상 위에
새끼 독수리 한 마리는
퇴임한 지 얼마 안 된 남편 책상을 지키고 있다

위용 드러낸 아들 책상 위 어미 독수리들
잔뜩 긴장하여 아내 눈동자 지휘봉만 바라본다

지휘봉의 곁눈질에도
새끼 독수리, 날개를 후드득거린다

부부

한 배에 올라
시작한
항해(航海)

험난한 파도 속에서
다져진 마음
굳건한 버팀목 삼아
때로는 둔덕을 쌓기 위해
때로는 맨몸으로
시련을 휘젓느라
거칠어진 손

어느덧
단단한 반석이 되니

부족함 메우려 가슴에 든 흙더미 사이
문득 모습을 드러내는
꽃

당신은 언제나 내게
소중한 이름의 꽃
시들지 않는 바위 꽃입니다

단풍나무의 기도

얼마나 움츠리며 애타게 기다렸을까
큰 무리 응달 속에 묻혀 꿈꾸어 온
뒤편 홀로 선 작은 단풍나무

얼마나 기도했을까
우뚝 앞선 자들을 위해
열매를 잘 맺게 해달라고
순리대로 살 수 있게 해달라고

늦가을 햇살은
순리를 버리지 않고
기도하는 작은 단풍나무를
발갛게 물들여 간다

그 화려했던 무리를 내려앉힌 후
작은 단풍나무는
누구에게나 안아주고 싶은
한 아름 꽃이 되었다

하와의 봄

—Hawwah's Spring

에덴의 바깥세상
겨우내 품었던 진통의 생명

어느새 망울망울
기지개 켜는 소리
눈 안에 풍경 새살스럽다

산수유, 진달래, 벚나무, 개나리
움트는 새싹들
잠에서 깨어난 함성에 놀란 서슬장군
부랴부랴 쳐놓았던 휘장을 걷는다

알알이 품어 안은 초록 햇볕
꾸벅꾸벅 졸고
하늘엔 북북 향한 기러기 떼
그림자 드리우며
에덴으로 날아간다

존재의 이유 1

당신의 따뜻한 손길은
시리던 상처, 그 언덕 위에
살랑거리는 꽃들을 피어나게 했습니다

당신의 미소가 언제인가
머물고부터, 가파르기만 했던 내 삶의
비탈길이, 다닐 만한 평지로
고쳐지기 시작했습니다

당신의 잔잔한 음성은
지쳐 있던 영혼을 일으켜 세우고
오기로 걷던 일상을
신명으로 뛰게 했습니다

당신의 품안은
본능이 만들어놓은 이기를
아직은 미약하지만, 아픈 이의
눈물이 보이는, 사랑을 알게 했습니다

지금도 가진 것은 없지만
당신이 만들어준 마음의 곳간은
자꾸만, 넓어지는 것 같습니다

당신은 내 삶의 희망입니다
당신은 내 영혼의 보석입니다

존재의 이유 2

꽃이 어둠에 가려져
시들고 있을 때, 가슴만
치고 있었던 당신

모두들 숨죽이며
바람도 벌레들도 내팽겨져 버려져갈 때
후미진 구석에서 뛰쳐나와 소리쳤소

그 무리들에게 삿대질, 돌팔매질 당해,
목숨을 내논다 해도
달려 나올 수 있었던 까닭은

아직도 가슴 깊은 곳에
때 묻지 않은 사랑
굽힐 줄 모르는 원시 그대로
불꽃같은 용솟음이 있기에

당신의 올곧은 삶이 꽃피어 가는 한

태초에 약속한, 보이지 않으시는
그 크신 분의 따뜻한 손길은
오늘도 아름다운 나라를 만들어가오

시(詩)의 기도

방황하는 이의 손을
따뜻한 가슴으로 잡게 하소서

힘든 삶 속에서 견디어온
지난 세월의 아픔을 나누며
눈물 훔치며 가슴의 응어리들을
서로, 부둥켜안게 하소서

앙금처럼 가라앉히고 꿈꾸며
살아왔던 바램, 세상이
움켜쥘 수 없는 나래 되어

목메어 노래하며
기쁨으로 본향의 길로 안내하는
밝은 횃대 되게 하소서

짝사랑의 노래

반짝이는 너희들의 눈동자는
초록의 아침에 피워 올린
희망의 꽃

하얀 앞니 드러낸 옥수수처럼
해맑게 웃으며 피워 올린
행복의 꽃

내 영혼 가장 깊은 곳에서
기쁨으로 피워 올린
사랑의 꽃

온 누리에 비치는 햇살처럼
올곧게 피워 올린
지혜의 꽃

꽃이 된 이유

척박한 땅,
황무지에 피어오른
쥐똥나무꽃, 애기똥풀
큰개불알꽃, 개쑥부쟁이, 코딱지꽃
보아주는 이 없어도
푸른 하늘 내려와
장하다 어깨를 토닥이며
아픈 마음 쓰다듬는
바람이 있다

그들의 슬픈 뺨을
핥아주는 생명들이 있고
눈동자를 감싸 안는
초롱초롱한 이슬이 있기에

천한 이름의 작은 생명들
비로소 꽃이 되었다

해설

디아스포라, 그리고 어느 시인의 해진 수첩

고영 시인

1.

'그리움'은 몇 개의 색깔로 만들어진 무지개일까, 생각하며 백노진 시인의 첫 시집을 읽었다. 이 그리움 가득한 시집을 어떻게 하면 가장 맛나게 읽을 수 있을까?

그의 시집은 스스로 '시인의 말'에 썼듯이 "영혼의 또 다른 나를 낳는/남은 삶을 위하여" 지난 허물을 벗는, 아니 새것을 드러내기 위해 찢겨나가야 하는 옛것들의 그립고 아쉬운 진열장과도 같다. 해진 수첩에 빼곡하게 기록되어 있었던, 나란히 가지런히 정돈해 두었지만 정작 유리 밖은 어두운 천으로 덮어 두었던 시인의 삶과 사랑과 그리움의 정체다. 간단하게 말하면, 오늘의 그를 있게 한 생의 요소(要素)들의 첫 번째 결집이라 할 수 있겠다. 그의 첫 시집은 "영혼의 또 다른 나를 낳"을 수 있는 무언가 두텁고, 따뜻한, 가슴 뭉클한 것들의 뽀얀 얼굴들이 물수제비처럼 떠오르는 수면(水面)처럼 문득 우리의 뒤를 돌아보게 한다.

삶이 길어지고 깊어질수록 되돌아보고 되찾고 싶어지는 것이 '고향'이다. 고향은 낯익은 것, 친숙한 것, 자연스럽고 아름다운 것으로 사람의 가슴을 뛰게 하지만, 시에서 고향은 셀 수 없이 많은 상징을 거느린 그야말로 복잡하고 원초적인 대상이다. 백노진 시인의 고향은 '어머니', 모친에서 시작된다.

서재 책장 위 종이상자에서
언제부턴가 어머니의 목소리가 들리는 듯하다
"너기 좀 보라우!"
삼십여 년 손때 묻은 성경책과 돋보기
하늘나라로 거처를 옮기신 뒤에도
여전히 카랑카랑하시다

한 손에 성경책
한 손에 사탕봉지 들고
예수님 믿어야 구원받고 천국에서 살 수 있다며
시골동네 누비시던 백발의 어머니
시시때때로 들려주시던
"고럼 말씀대로 살아야디, 눈 밝을 때 널심히 성경책 보라우!"

세상 끈 다 놓으신 치매 속에서도
주기도문은 잊지 않으시고
어느 날 식사시간
"애미야! 예수님, 숟가락 하나 더 개지고 오라!"
하시던 어머니

바래고 헤진 성경책 속에서
환하게 미소 지으며
금방이라도 뛰쳐나오실 것만 같다

반백이 넘은 지금에서야 열기 시작한
내 조그만 종이상자 속
어머니의 성경책

—「어머니의 유산」 전문

시에서 몇 개의 정보를 찾을 수 있다. 시인은 '실향민'이다. 1연에 "너기 좀 보라우!"라고 주문하는 '어머니의 목소리'가 평안도 말투이기 때문이다. 집에서 표준어를 쓰는 사람도 없을 것이고, 또 시에 직접 인용하면서 굳이 사투리를 만드는 사람도 많지 않을 것이다. 다른 정보도 있다. 그는 이미 어머니를 여의었다. "삼십여 년 손때 묻은 성경책과 돋보기"를 남기고 "하늘나라로 거처를 옮"겼기 때문이다. 끝으로 그가 기독교인임이 드러난다. 비록 "반백이 넘은 지금에서야 열기 시작"했지만, 그는

'어머니의 성경책'을 애틋한 마음으로 보기 시작했기 때문이다.

이렇게 보면 이 시는 '디아스포라(Diaspora)'의 세 가지 경우를 함축하고 있다. 백노진 시인은 '평북 박천' 출신이다. 당연히 장소로서의 고향을 잃었다. 어떤 상실감은 동병상련의 마음을 더 강하게 한다. "혈혈단신 월남한 지 60여 년/손발이 갈쿠리 되도록 살아온 이남 생활,/5남매 자식 출가시킨/짝 잃은 함경도 하부래비"(「와성(蛙聲) 2」)가 등장하는 것도 전혀 어색하지 않다. '이남생활'로 표현된 실향의 삶은 고달프고 힘들었을 것이다. 그런 생활에 작은 위로가 되어준 것이 '개구리 울음'이다. 개구리 울음에 남과 북이 있을 리 만무하다. 종교 면에서도 실향의식은 드러난다. 기독교는 본질적으로 '잃어버린 본향(本鄕)'을 찾아가는 종교다. 이 말은 뒤집어보면 시인이 본향에 있지 않다는 것을 뜻한다. 시인은 「능금」, 「고백」, 「신의 꽃」 등의 작품에서 기독교의 믿음에 근거한 시적 정서를 보여준다. 특히 4부에 수록된 작품들은 '기도', '에덴', '당신'과 같은 직접적 시어를 통해 이러한 점을 환기하고 있다.

소위, '이산(離散)' 으로 이해할 수 있는 디아스포라의 상황에서 이번 시집의 경우, '어머니'는 특별한 의미를 갖는다. 어머니를 여의었다는 것은 생명의 근원과 정서의 뿌리를 상실했다고 볼 수 있다. 거기서 끝나고 만다면 시인은 걷잡을 수 없는 '고아의식'으로 이승의 삶을 마구 헝클고 뒤틀어버렸을 것이다. 하지만 시는 전혀 다른 모습과 방향을 보여준다.

생전에 어머니가 쓰시던 숟가락,
자개장식은 떨어져 나갔지만 여전히 학으로 날아 앉아
찌개를 끓이고 간을 맞춘다

내 새끼 키울 때는 제대로 봐주지 못했다며
장난기 심한 손자, 눈 안에 넣고 볼을 비비시던

그 손자가 결혼하여 증손자를 낳고
벌써 제 아들 자랑이 한창인데

둘째 며느리가 좋아하는 학이 사는 반달 숟가락,
오늘도 감자껍질을 긁어내고 프라이팬 두부를 뒤집고
밥솥 누룽지 벅벅 긁는다

손때 묻은 반달 숟가락,
오늘도 가족들을 물끄러미 내려다본다

—「반달 숟가락」 전문

맨 먼저 '반달'은 세월의 무게를 느끼게 해준다. 반쯤이나 닳았다는 것인데, "생전에 어머니가 쓰시던 숟가락"은 "둘째 며느리가 좋아하는 학이 사는 반달 숟가락"이 되었다. 시인의 입장에서 보자면 이는 흐뭇하기 그지없는 일인데, 그의 또 다른 작품 「유월이 오면」을 보면 어머니는 결코 부재(不在)하지 않음을 알 수 있다. "잔잔한 진초록 호숫가에/활짝 피어오른 연분홍 수련만 보면/아내의 마음속에 그려진다는 시엄니 색깔/며느리 미소 속에 아이처럼 환하게/웃으시는 울 엄니가 보"이기 때문이다. 시인의 생각이 아니라 사실로 이미 시인의 어머니와 아내는 같은 색으로 끈끈하게 맺어져 있고, 색이 아니라 물질(숟가락)을 이어받은 둘째 며느리는 그 결속의 과정을 배워가고 있다는 것이 드러난다.

백노진 시인의 첫 시집은 그리움과 화평 그리고 시작과 끝으로서 가족의 관계, 가족의 문제, 가족의 의미를 중심으로 전개되고 있다. 그러나 시인은 그것이 진공 속의 수은 방울처럼 아무렇지도 않게 떠 있을 수 없다는 것을 알고 있다. 이는 결국, 시인의 그리움이 개인적 특성을 깨고 나와 보편적인 정서로 바뀌는 지점을 가리킨다.

2.

시인의 고향에 대한 생각은 애틋하다. 실제로 "울 엄니 고향 가까운 개성 땅"(「유월이 오면」)에 그가 발을 디뎌볼 수는 있지만, 그의 심사가 오롯이 그곳으로 향할 수 없는 것은 이런저런 외부적 상황에 훨씬 더 큰 영향을 받기 때문이다. 자연스레 시인의 생각은 삶이, 혹은 사건들이 펼쳐지고 진행되는 '이 땅'에 가닿게 된다. 다루는 대상에 따라 목소리의 떨림은 달라지지만, 한결같은 것은 시인의 생명에 대한 애착이다.

저려오는 가슴을 부여잡고
지나온 반백년
황해북도 개성시 개성공업지구 1차 9-6번지
남북이, 북남이 한마음으로
분만한 평화구두

큰 뜻 이루려 태어난 씨앗
큰 나무로 자라
한반도 평화의 그늘 짙게 드리우리니

개성에서 평양으로 다시 서울로
백두에서 한라까지

평화의 열매 거둘 때까지
모든 불화(不和)를 씻고 당당히 걸어 나가리라
세계 속으로
성큼성큼 달려 나가리라

—「평화구두」 전문

종이의 역사에 대한 이해를 바탕으로 생명으로서의 '나무'와 상품으로서의 '종이컵'을 명징하게 비교하고 있는 「지구의 눈물」을 보면, 인간들의 편리를 위해 본질을 잃은 사물들을 통해서 어쩌면 편리를 위해 인간의 본질을 잃은 우리의 모습을 그려낸다. 아무렇지도 않게 일어나는 생명 경시에 대한 시인 나름의 비판이 드러나기도 한다. 큰 문제에 집착한다는 것은 어찌 보면 실제 자기와 자기의 환경에 대해 무심하다는 말처럼 들릴 수도 있다. 즉, 현실은 사는 것이 아니라 생각 속에 사는 것이라는 오해를 받을 소지가 크다. 하지만 시인은 시선을 조금 내려 오늘 우리의 현실을 보고, 또 그 현상을 그려낸다. "오늘도 한 끼 목숨을 구걸하기 위해"(「콘크리트 사랑」) 세상에서 가장 낮은 자세를 취할 수밖에 없는 이웃을 보면서 "정재계 거물들은 혼외 자식으로, 부정입학으로 야단법석이고 주간지들은 횡령한 수백 억, 은밀한 창고에 숨겨놓고 아무개는 지금도 '어흥' 잘살고 있다고 떠들어대고 있다. 힘없는 수많은 사람들의 희망을 꿀꺽 삼켜버린 수십조 다단계 사기단들이 판치는 세상,/텔레비전만 신"(「세상살이」)나는 세상을 비판적으로 바라볼 수 있기 때문이다.

백노진 시인은 큰 걱정과 작은 위안 사이에서 고민하고 당혹스러워하고 다시 고민하는 모습을 이번 시집을 통해 여실히 보여주고 있다. 그는 '농부'가 비록 에덴에서 쫓겨나 고된 사역을 지속해야 함을 말하면서도 이를 '청지기의 사역'이라 고쳐 생각하고, 콘크리트로 가득 싸 바르려는 오늘의 세태에 대해 "흙을 함부로 대하지 마라/너는 아느냐/네 몸이 흙인 줄"(「너는 아느냐」)이라고 호통을 친다. 아무래도 이 마음은 그의 오래된 수첩에서 공들여 꺼낸 것이라 할 수 있는데, 그의 수첩에는 "보이지 않는/긁히고 닳고, 해진 그 속엔/기쁨도, 노여움도, 슬픔도, 즐

거움도/다 받아 넣었다//오랜 세월/숙성된 그 비밀의 호흡들”(「어느 시인의 수첩」)이 들어 있다. 나아가 시인은 “이제 하나하나 불러내기 위해/바람의 시간들을 쪼개/사람냄새가 넘치는 거리로”로 나가고자 한다.

경칩(驚蟄)도 춘분(春分)도
삼월의 빗속에 있다

개성공단 안
이해가 되다가도 이해가 안 되어
짠하게 지낸 아주 긴 며칠
메마른 가슴 속에
봄비가 쌓인다

이른 아침 출근하는
녀성 동무들의 우산 행렬 위에서
재잘거리는 봄비

노여움을 푸시라요
찻잔을 들고 와
미안해하는
녀성 동무 마음속에도
저 봄비가 내리리라

멀리 또 가까이 보이는
민둥산에도
도무지 이유를 모르겠다며
하루 종일 비가 내린다

—「개성공단에 내리는 봄비」 전문

그의 바람은 몇 편의 작품을 통해 구체화된다. 가령, 중학교 동창의 주문진 고깃배가 서울에 닻을 내린 풍경을 그린 「바람의 만찬」에서는 '잊었던 친구'와 되살리는 생의 환희가 그려진다. 또, 「개성공단에 내리는 봄비」에서는 이해될 듯 이해가 되지 않는 사태마저도 "노여움을 푸시라요/찻잔을 들고 와/미안해하는/녀성 동무 마음속에도/저 봄비가 내리리라"는 동질감을 통해 화평하게 되고, '영원한 짝사랑 손녀'와의 줄다리기는 「새 직장」에서 "새 직장 퇴근시간은 원장님 수면시간/출근시간은 원장님 기상시간/할미와 할아비는 항상 비상근무조"라는 과장되고 익살스러운 풍경으로 그려진다.

앞에서 말한 것처럼 시인은 "영혼의 또 다른 나를 낳"기 위해 그리움의 정서를 상승시켜 그 대상들을 오늘, 다시 불러보는 것이다.

3.

디아스포라를 부정적인 의미로만 읽는다면 '이산(離散)'의 뜻

이 강하다. 뿌리 뽑힘은 필연적으로 부유(浮遊)의 상상과 연결되고, 이는 다시 생각이나 행동의 가벼움 또는 닫힌 마음의 상징처럼 작용하기도 한다. 하지만 이를 긍정적으로 바꿔 생각하면 '파종(播種)' 한다는 의미를 가질 수도 있다. 어쩔 수 없이 가닿게 된 곳에서 그 환경에 맞춰 나아가 환경과 분위기를 개선, 개량하면서 깊게 뿌리내릴 수도 있는 것이다.

백노진 시인의 이번 시집은 이와 같은 측면을 '민들레'와의 유사성을 통해 비유적으로 잘 드러내고 있지만, 그보다 눈여겨볼 작품들은 따로 있다. 아래 작품들을 보자.

햇덧 스치는 호수공원 남쪽
고운 색, 여미기 시작한 단풍들

학자로 성공시킨, 은행나무 노란 이야기
기업인으로 출세시킨, 왕벚나무의 벌그숙숙한 이야기
공부를 더 시켜야 한다는 버즘나무의 희끄무레한 이야기
연예인으로 성공시킨 단풍나무의 빨간 이야기
지난봄, 집안이 어려워 합동결혼식 올렸던
푸르뎅뎅한 등나무는 입도 열지 못한다

어느새 소복이 내려앉은
마른 모엽(母葉)들
소슬바람과 도란도란 맴돌며

자식들 걱정에 겨울채비도 잊고 있다

소나무, 잣나무의 헛기침 소리
호수를 타고 건너온다

—「가을 이야기」 전문

이른 아침 일산 호수공원 굴다리 안, 의자도 평상도 호수를 바라본다. 몇 사람이 손뼉 쳐도 크게 울리는 무료공연장이다. 이름 없는 악사들, 아마추어들 예고 없이 첫선 보이는 자리다.

오늘도 아코디언 가슴에 안고 활짝 웃으며 연주하는 중년의 여인, "오가며 그 집 앞을 지나노라면 그리워 나도 몰래 발이 머물고—" 간간이 음정 틀리고, 박자가 조금 늘어져도 문제가 없다. 모두가 홍얼홍얼 한마음 합창, 굴다리 안이 정겹다.

한 곡이 끝날 때, 할머니 손잡고 베레모를 눌러쓴 할아버지가 신청곡을 접수하고 평상에 앉는다. 여기저기서 따라 부른다. "꽃잎은 하염없이 바람에 지고 만날 날은 아득타 기약이 없네—" 박수갈채를 받은 동심초가 구성지다.

"뜸북 뜸북 뜸북새—"

오빠 생각으로 뜸부기와 뻐꾸기가 된 지나간 세월이
굴다리 안으로 날아 앉는다.

—「그리운 사람들」 전문

두 작품은 비교와 대조가 선명하다. 앞 작품은 '단풍'을 제재로 의인화해서 그 나무들의 이야기를 들려주고 있다. 이때 이들의 이야기는 고정된 모체(모엽)로부터 그 성패(成敗)가 비롯했다고 할 수 있지만 어쨌든 함께 어우러져 단풍의 총체적 풍경을 완성한다. 마찬가지로 뒤의 작품은 한 고정된 장소(굴다리)에 모여드는 뜨내기들의 갖가지 행위(공연)를 통해 하나의 정서가 정겹게 표출된다.

이번 시집에서 백노진 시인이 의도했던 바가 이런 상황, 혹은 풍경을 바라며 자신 스스로 '삶의 기록들'을 꼼꼼하게 적어 넣었다는 것을 드러내는 게 아닐까. 그렇다면 이번 시집은 어느 정도 성공했다고 할 수 있겠다.

시인의 상황을 상상할 수밖에 없는 입장에서 그럼 다음에 남는 것은 무엇일까 생각해본다. 시집에서 찾아본다면, '그리움'을 '평화'의 벅찬 감정으로, 아니 정서로 연령과 남녀와 계층과 이념을 넘어 승화시키는 것이라고 할 수 있다.

첼로만 사랑하던 활대가
날카로운 톱날 위에 흐느끼듯

온몸을 떨고 있다

말총의 격렬한 몸부림
연주자의 손목을 타고 오른다

흔들리는 무릎 사이
활이 뿜어대는 숨결에
톱날이 춤을 춘다

수많은 나무를 베어낸 저 사납던 톱날
악기 되어 속죄하듯 쏟아내는
등 굽은 저 소리

뼈 마디마디 부서지듯
마음속 열고 들어오는
사명이란 찬양곡
귓속이 애절하다

박수가 뜨겁다

—「톱이 울다」 전문

백노진 시인은 "사명이란 찬양곡"이 "뼈 마디마디 부서지듯/마음속 열고 들어"온다고 했다. 그러면 우리에게 던져진 그 '사명'이란 무엇일까. 이번 시집을 읽는 이라면 누구나 달큼하고 씁쓸하게 되씹게 될 것이다.

어쩌면 너무 늦었다고 할 수 있는 백노진 시인의 첫 시집 상찬을 축하드리며, 그의 시작(詩作)이 시작(始作)의 의미를 뛰어넘어 울울창창(鬱鬱蒼蒼) 큰 숲을 이루기를 기대해본다.

이 도서의 국립중앙도서관 출판시도서목록(CIP)은 서지정보유통지원시스템 홈페이지(http://seoji.nl.go.kr)와 국가자료공동목록시스템(http://www.nl.go.kr/kolisnet)에서 이용하실 수 있습니다.(CIP제어번호: CIP2015024385)

문학의전당 시인선 212

개성공단에 내리는 비

초판 1쇄 인쇄 2015년 9월 14일
초판 1쇄 발행 2015년 9월 20일
지은이 백노진
펴낸이 고영
책임편집 이현호
디자인 헤이존
펴낸곳 문학의전당
출판등록 제311-2012-000043호
주소 서울시 은평구 연서로11길 7-5 401호
편집실 서울시 마포구 마포대로 127, 413호(공덕동, 풍림VIP빌딩)
전화 02-852-1977
팩스 02-852-1978
블로그 http://blog.naver.com/mhjd2003
전자우편 sbpoem@naver.com

ISBN 979-11-5896-000-1 03810